Para Iolanda: flora, fauna, valles y constelaciones. Todo.

P. M.

www.abuenpaso.com

Diseño gráfico: Estudi Miquel Puig
Corrección: Xavier Canyada

Impreso en España por Índice, SL

ISBN: 978-84-17555-88-7
Depósito legal: B 2264-2023

Atacama

¿Adónde van las vizcachas?

PATO MENA

abuenpaso

En el desierto, un familia de vizcachas sale de su madriguera.

Después de comer, a todas les apetece lo mismo.

Toman el sendero del valle

hasta que el vizcachón avisa.

Escondido
entre los cactus,

un zorro
está al acecho.

Así es que se van por el atajo de las rocas.

¡Hop! ¡Hop! ¡Hop!

Una vez arriba, se instalan a disfrutar del sol.

Mmmmmmmmmm

Hasta que el vizcachón avisa.

A lo lejos, un aguilucho se aproxima.

Bajan rápidamente.

¡Fiuuuuuuuuu!

Deslizándose por las dunas.

Pero, cuando están llegando a las cuevas de sal, el vizcachón avisa.

Una gata andina descansa
junto a sus cachorros.

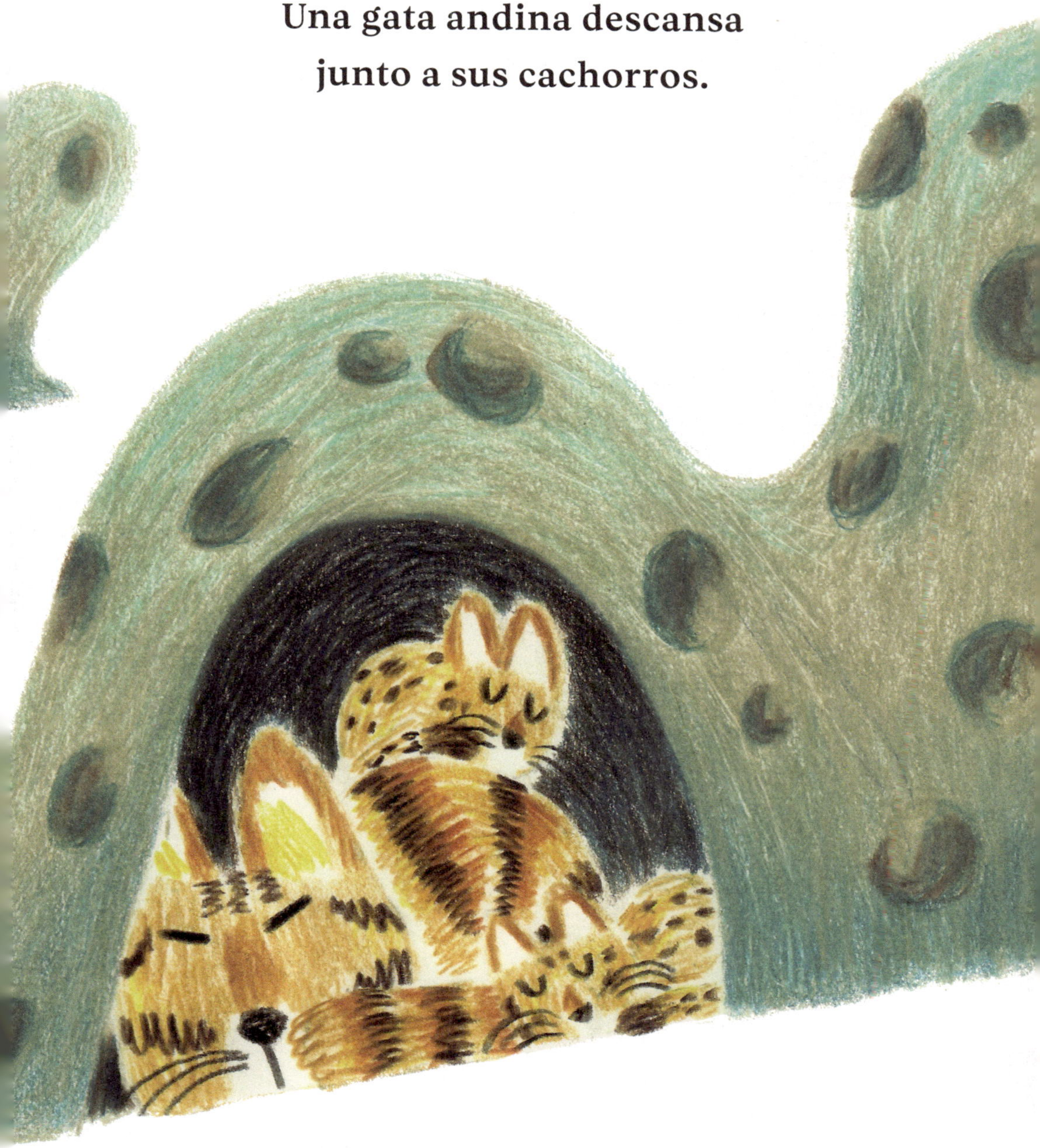

Así que se alejan atravesando
los géiseres...

Con mucho cuidado.

Un poco más allá se duermen
a la sombra de una gran roca.

Ahhhhhh...

Cuando se despiertan, ya es de noche.

Es hora de regresar a la madriguera.

Pero la pequeña vizcacha avisa:

lluvia.

Corren a
toda velocidad.

Hop, hop, hop.

Atacama

El desierto de Atacama está en Chile y es el más árido del mundo. En él viven animales tan diversos como sus paisajes llenos de formas y colores: vizcachas, zorros, aguiluchos, gatos andinos, vicuñas; y otros más pequeños como lagartijas, mariposas, orugas, alacranes y saltamontes. Todos ellos aparecen en las páginas de este libro. ¿Los has visto?

Pero puede que lo más sorprendente del paisaje atacameño esté sobre nuestras cabezas (o sobre nuestras orejas, en caso de que seamos vizcachas): su cielo nocturno es el más limpio y majestuoso del planeta entero.